EUGÈNE PELLETAN

AIDE-TOI
LE CIEL
T'AIDERA

PARIS
PAGNERRE, LIBRAIRE-ÉDITEUR
RUE DE SEINE, 18

1863

AIDE-TOI

LE CIEL

T'AIDERA

I

Y pensez-vous? nous dit-on, vous voulez voter; mais vous n'avez ni liberté de presse, ni liberté de réunion. Comment pourrez-vous vous reconnaître et vous toucher le coude, pour aller au scrutin?

On ne saurait faire d'élections sans journaux; combien en possédez-vous dans la France entière? Levez les cinq doigts de la main et vous les aurez tous comptés.

On a décrété le libre échange du coton, mais on n'a pas encore reconnu le libre échange de la pensée.

Le pouvoir, toutefois, envoie un journal gratuit au public de la campagne : on affiche le dimanche un *Moniteur* réduit à la porte de chaque mairie.

C'est une espèce de prône imprimé dont chacun peut faire son profit, en allant à la messe ou au cabaret. Le bouvier tant soit peu lettré peut ainsi connaître l'opinion de l'État aux frais de l'État.

Mais quel *Moniteur* avez-vous pour notifier votre

pensée? Quant au droit de réunion, il n'en faut pas parler : porte fermée et gendarme de planton.

Avez-vous ensuite jeté l'œil sur la carte électorale de cette année? C'est le chef-d'œuvre du génie de la découpure.

Jamais la géométrie, de mémoire de cervelle humaine, n'a fait autant de dépense d'imagination. Ici la circonscription affecte la forme d'un serpent, là d'une comète, là d'une chauve-souris, là, enfin, aucune forme connue, comparable à quoi que ce soit, si ce n'est à un nuage burlesque de soleil couchant.

Ce n'est pas en vain qu'on a fait le département et dans le département cet autre petit département intérieur qu'on appelle l'arrondissement. Tous deux probablement ont leur raison d'être, puisqu'ils sont deux, et non plusieurs en un seul ou un seul en plusieurs. Aussi de tout temps, sous la république comme sous la monarchie, a-t-on voté par département ou par arrondissement.

On peut en théorie préférer un vote à l'autre, mais on doit accepter l'un ou l'autre en pratique, sous peine de brouiller la carte et de tomber dans le panthéisme du territoire.

Ferait-on voter le département de la Manche avec le département de la Dordogne? Voudrait-on les broyer ensemble, pour extraire de cette double poussière départementale un seul et même député?

A coup sûr non. Eh bien! ce qu'on ne ferait pas pour le département, on le fait pour l'arrondissement sans difficulté; on mélange l'un avec l'autre, on retranche ici, on ajoute là; on dirait, à voir la carte politique du pays, le grimoire cabalistique d'un astrologue. Quelquefois un canton saute par-dessus tout un département, pour aller voter, à l'autre pôle, avec un canton inconnu.

Ce n'est pas le département seul, c'est encore la préfecture même du département qu'on a cru devoir soumettre à cette opération d'alchimie, pour décomposer et recomposer la matière votante, au caprice de l'inspiration.

II

Voyez Paris : la loi veut que chaque département élise un nombre de députés proportionnel au chiffre de sa population. Il y a six ans, le département de la Seine avait nommé dix députés, en vertu de ce principe d'arithmétique.

Or, depuis six ans, la population du département de la Seine a augmenté de six cent mille âmes et, cependant, il nommera un député de moins à la prochaine législature. Comment expliquer ce miracle?

D'une façon bien simple, nous a-t-on répondu; la population de Paris peut gagner six cent mille âmes sans gagner, du même coup, la valeur d'un électeur. Car il y a dans ce monde âme et âme, et il faut une âme immaculée, pour avoir le droit de figurer sur une liste électorale.

Qui ne sait que la capitale de la France, cette ville coquette entre toutes, a le don d'attirer tous les vagabonds, tous les banqueroutiers, tous les repris de justice, tous les chevaliers d'industrie et toutes les femmes curieuses du monde entier?

Donc six cent mille indignes, poussés par un instinct secret, comme les corbeaux aux premières brumes d'automne, se sont envolés, depuis six ans, de tous les points de l'horizon et se sont abattus sur le pavé de Paris.

C'est à faire frémir et à décourager de sortir après le soleil couché! Et pourtant un décret donne à la police le droit de nettoyer le trottoir de toute la population anonyme, sans moyen d'existence. Quoi! elle a le balai à la main et elle laisse accumuler le fumier!

Donc, cette invasion de six cent mille recrues d'occasion n'a pu fournir un seul Juste digne de voter; était-ce une raison, toutefois, de disloquer Paris, comme on l'a fait, pour le diviser en neuf colléges?

A ne prendre, par exemple, que la première circonscription, vit-on jamais coup de tête linéaire plus inexplicable au regard? Comment comprendre cette espèce de chemin de ceinture électoral, sous forme d'un rasoir ouvert, qui ondule indéfiniment de La Villette à Passy?

Toulouse, en bonne logique, devrait voter avec Toulouse et Lyon avec Lyon. Eh bien! non, cependant. On a brisé Lyon; on a rompu Toulouse en trois morceaux et on a submergé chaque fragment dans un déluge de campagne.

On ne doit pas sans doute opposer la classe rurale à la classe urbaine, pour humilier l'une devant l'autre ou sacrifier l'une à l'autre, car chacune a sa part de mérite et un droit égal à l'eucharistie du scrutin.

Le suffrage universel n'est universel précisément que

pour ramener toutes les classes à une seule formule et confondre leur rivalité dans une même harmonie.

Il faut pourtant reconnaître que dans une ville comme Toulouse et comme Marseille il y a plus de civilisation, plus d'instruction que dans la Chalosse ou dans la Sologne. On y sait lire, on y lit le journal, on y cause le soir de la question à l'ordre du jour, on y tient, en un mot, dans chaque lieu de réunion, école mutuelle de politique; et de ce frottement journalier de l'intelligence avec l'intelligence jaillit la puissance souveraine de l'opinion.

Le paysan, au contraire, ne lit pas, par une bonne raison, ou ne lit, quand il sait lire, que l'Almanach de Mathieu Laensberg. Debout au chant du coq, et couché avec le soleil, il vit seul, la plupart du temps, à son guéret ou au pacage. Il ne fait guère la conversation qu'avec son chien ou avec son troupeau, et il ne voit son semblable qu'au champ de foire, lorsqu'il conduit sa truie au vérat.

Que lui dit la politique? Il sait vaguement qu'il a un souverain, parce qu'il en voit la figure sur la monnaie. Il a même attrapé dans le vent qu'il y a des dignitaires brodés qui commandent l'armée et qui administrent le pays.

Mais il n'a jamais pu faire la différence entre les uns et les autres, et encore moins entre les morts et les vivants.

Il y a quelque temps une commune du canton de Burie vota pour Cambronne.

— Il est mort, dit un électeur.

— Est-ce que je suis mort, moi? répondit un paysan.

Et sur cette réponse, le nom de Cambronne tomba dans l'urne à l'unanimité.

III

Voter, c'est penser; c'est plus encore, c'est juger, c'est décider du sort du pays. Pourquoi donc la géographie électorale semble-t-elle favoriser l'électeur le moins électeur, dans le sens idéal de l'expression, c'est-à-dire le moins instruit, le moins apte, par conséquent, à penser par lui-même et à voter de sa propre initiative?

On comprend alors ce mot profond : il faut éclairer le suffrage universel. Or, le système d'éclairage consiste dans un candidat du gouvernement.

Vous rappelez-vous l'ancien télégraphe? Vous pouvez encore en voir çà et là le spectre oublié sur une colline. L'infortuné, retiré du mouvement du monde et perché, l'aile pendante, au sommet d'une ruine, regarde silencieusement l'horizon et semble dire un dernier adieu à l'espace.

Il avait lui aussi, au temps de sa splendeur, la confidence des secrets de l'État, et il les expédiait, d'un coup d'aile, à l'extrémité de la république, de l'empire, du royaume; car il a vu mourir, avant de mourir lui-même, trois sortes de gouvernement.

La candidature officielle ressemble assez à la pantomime aérienne de l'ancien télégraphe. Le ministre transmet le nom du candidat au préfet, le préfet le transmet au sous-préfet, le sous-préfet au maire, le maire au garde champêtre, et le garde champêtre l'annonce à son de caisse au total du village.

L'arrondissement de Saint-Yrieix apprend ainsi à son réveil que le candidat le mieux adapté au naturel limousin, que le fantôme innomé que chaque Limousin portait d'avance au fond de son cœur, qu'il appelait dans la brise du printemps, c'était un certain banquier de Paris, dont il n'avait jamais, jusqu'alors, soupçonné l'existence.

Il y a sous la calotte céleste un maire de Frambois nommé Grandjacquot. Le digne homme a soutenu dans une circulaire ineffable une doctrine qui passera, sous son nom, à la dernière postérité.

Il prétend qu'en fait de député le meilleur est encore le député choisi de la main du préfet, parce qu'un préfet, ajoute-t-il, « sait mieux que nous ce qui nous convient. »

Mais à ce compte le préfet devrait nommer directement chaque député; il épargnerait ainsi au suffrage universel la dépense du déplacement, ou plutôt il devrait se nommer lui-même, car le soleil vaudra toujours mieux que son reflet.

Malheureusement la Constitution a exclu du Corps législatif toute espèce de fonctionnaire; il faut donc qu'il y ait contradiction entre le titre de fonctionnaire et le titre de député.

Mais si le préfet ne peut se faire nommer lui-même, pourquoi ferait-il nommer son Sosie? C'est une difficulté que la théorie signée Grandjacquot a oublié de résoudre.

Quoi qu'il en soit, il y aura dans toutes les circonscriptions un candidat officiel, un oint du pouvoir sur la tête duquel le *Paraclet* descend à la minute, du fait de son onction.

De ce moment il n'a plus qu'à laisser opérer la grâce; car l'administration tout entière n'est qu'une vaste agence électorale à son service, car sa candidature est représentée, car elle est présente partout, par le maire, le gendarme, le juge de paix, le commissaire, le percepteur, le douanier, le cantonnier, le fossoyeur, le facteur, le maître d'école, le marchand de tabac, etc.

Sur un mot, sur un signe de l'autorité préfectorale, tout cela bat la campagne en cadence et sème comme des roses, le long du chemin, toutes les vertus du candidat officiel. Nommez un tel et les bénédictions du ciel et de la terre tomberont sur votre village, sous forme de chaussée macadamisée ou d'église récrépie.

IV

Maintenant voici un honnête citoyen, écrivain, savant, orateur, esprit veilleur, méditatif, comme l'huile de la lampe, rompu de longue date à l'étude de toutes les sciences de l'homme en société.

Il croit qu'une nation doit payer l'impôt, sans doute, mais qu'elle doit en dicter elle-même et en surveiller l'emploi; car enfin l'argent qu'elle porte au fisc, c'est son argent.

Il trouve que de toutes les dépenses de luxe, la plus ruineuse à coup sûr, c'est la poudre brûlée pour ce feu d'artifice appelé une victoire, à moins toutefois que la France ne combatte pour l'indépendance d'une nation, car la liberté autour d'elle c'est la paix, et la paix c'est une économie.

Il suppose que la liberté est la première condition d'existence d'un peuple au dix-neuvième siècle, et que la France, la première debout au soleil de 89, est aujourd'hui en retard sur le reste de l'Europe.

Il pense enfin qu'un peuple ne saurait être souverain et ne pas être libre, car la souveraineté sans la liberté que serait-elle donc? L'image du Christ qui porte à son front le titre de roi et ne tient à la main qu'un roseau.

Il le croit, il le dit, et, fort de sa conviction, plus fort de sa conscience, il veut rendre témoignage de lui-même et tenter la chance du scrutin.

Le voyez-vous d'ici perdu, morfondu dans l'immensité d'une circonscription électorale de cent à deux cents communes? Comment pourra-t-il leur servir sa candidature et leur expliquer son opinion?

Par la presse? Mais il y a tel département où l'opposition ne compte pas un journal. Par l'affiche? Mais qui la placardera, et, une fois placardée, qui la protégera contre la malveillance du passant?

Il faudra donc que le candidat autrefois indépendant, maintenant inexprimable, aille la canne à la main, de commune en commune, comme le Juif errant du suffrage universel; qu'il frappe à chaque porte et qu'il annonce du même coup au maître de la maison le candidat et la candidature.

Mais par le fait seul qu'il tient tête au préféré de l'administration, c'est un pestiféré, c'est un factieux et peut-être même le candidat de la misère; on le regarde d'un œil farouche; que viens-tu faire ici? Je ne te connais pas, passe ton chemin.

Et le jour de l'élection, qui oserait distribuer le bulletin hérétique à la moustache de l'autorité? Celui-là fera bien, après l'élection, de garder ses poules au poulailler.

Et en face d'un scrutin aussi laborieux, il y aurait des forcenés assez abandonnés de Dieu et des hommes, pour vouloir lutter à toute force, dans chaque collége, contre un homme-légion, qui pèse sur le vote, non-seulement de son propre poids, mais encore de tout le poids du pouvoir?

C'est trop de candeur : qu'on nous rende notre part de champ et de soleil et alors, mais seulement alors, nous pourrons lutter. Autrement, nous n'aurons plus qu'à nous réfugier sur le mont Aventin électoral de l'abstention, et à regarder tranquillement passer à nos pieds, les bras croisés, la marche triomphale des doctrines de M. Grandjacquot.

V

Voilà ce que dit le parti de l'abstention sous la rubrique de M. Proudhon; je répète sa parole, bien entendu, mais je n'en prends pas la responsabilité. Je ne fais ici que le métier de rapporteur. Or tout son raisonnement aboutit à cette ingénieuse conclusion : qu'il faut attendre le retour de la liberté pour réclamer la liberté.

Mais c'est précisément parce qu'on n'a pas la liberté qu'on la réclame, qu'on doit la réclamer, qu'on doit saisir toute occasion légale de la réclamer. Or, de toutes les occasions que la fortune avare a mise entre nos mains, en connaît-on de meilleure qu'une élection ?

Vous serez battus, nous dit-on. Nous, battus ? Nous ne pouvons pas l'être ; et où est donc la puissance qui battra jamais une idée ? Nous pouvons tout au plus nous trouver en minorité. Or majorité, minorité, dans ce monde, ne prouvent qu'une chose ; c'est qu'à un moment donné un chiffre est plus enflé d'un côté que de l'autre... à charge de revanche.

Il n'y a donc jamais devant le scrutin victoire ou défaite. Il y a suspension, voilà tout ; car on en appelle sans cesse à un nouveau scrutin, pour que la défaite puisse reprendre à son tour la victoire.

Nous ne sommes que cent aujourd'hui, ne fussions-nous que dix de notre opinion, si nous sommes l'idée éternelle de justice, la loi même de la société, nous pouvons mettre en toute sûreté de conscience la tête sur notre oreiller.

Mens agitat molem : la vérité exerce par elle-même une telle attraction sur le nombre, qu'elle n'a qu'à paraître, sous une forme ou sous une autre, pour que de dix que nous étions auparavant nous revenions un million au scrutin.

La défaite pour une idée, ce n'est donc pas la minorité,

puisque cette idée peut toujours recommencer l'épreuve et repasser de la minorité à la majorité. La défaite pour elle et la défaite irréparable, voulez-vous que je vous le dise? C'est de désespérer d'elle-même et de disparaître de la scène.

Montrez-vous, affirmez-vous, si vous voulez vous sauver et sauver votre principe; sinon la foule oubliée par vous vous oubliera à son tour, ou bien ira chercher à côté de vous un représentant quelconque de son besoin d'opposition; et vous rentrerez, comme des ombres, dans les coulisses de l'histoire.

Le peuple ne comprend pas l'opposition mystique. Le jour où vous aurez dit : il n'y a rien à faire, et où vous aurez mis votre drapeau au mont-de-piété, ce jour-là vous aurez donné le signal du sauve qui peut, et tout ce qui est chancelant ou fatigué prendra prétexte de votre renonciation, pour rentrer en grâce avec le Moment.

L'absence de liberté ne saurait donc être l'excuse de l'abstention; elle est au contraire une raison de plus pour agir. L'abstention, je la comprends encore chez le parti du passé; celui-ci n'a plus qu'à errer comme un trappiste autour de la fosse fermée du droit divin, en chuchotant, à voix basse, je ne sais quel voluptueux appel au néant.

VI

Mais l'abstention, chez le parti du mouvement, comment la concevoir et comment la justifier? Sait-on bien ce qu'elle est en réalité? Elle est une idée musulmane, elle est la croyance fataliste du Turc, qui regarde le ciel et dit en soupirant : Dieu est grand et Mahomet est son prophète. Que dis-je? c'est une idée hindoue, la théorie du Djurma.

Il y a dans l'Inde une singulière coutume : quand un homme a reçu une injure d'un autre homme, au lieu de le prendre au collet et de le contraindre à réparation, il va humblement se mettre à genoux devant la porte du coupable, et il s'y laisse mourir de faim, en récitant à la muraille une formule terrible d'anathème.

L'évêque Héber raconte que la Compagnie des Indes mit un jour une taxe sacrilége sur la ville de Bénarès. A la première nouvelle de l'iniquité, cent mille Hindous sortirent de la ville, et, la face prosternée contre terre, ils entonnèrent en chœur l'antienne du Djurma. L'anathème dura trois jours, plusieurs moururent dans l'intervalle; heureusement qu'une pluie diluvienne dissipa cette révolte de la résignation.

C'était un suicide méritoire sans doute; mais n'aurait-il pas mieux valu agir, parler, écrire, pétitionner, protester, que de mourir ainsi, un à un, en silence, la tête dans la poitrine? Je le demande au parti de l'abstention lui-même. Je sais bien qu'il n'entend pas courber la tête ni finir de cette facon; cependant, qu'il le sache ou non, sa conduite équivaut à un suicide, sinon du corps, du moins de l'influence.

Il faut donc qu'il y ait un motif bien grave pour consentir à un semblable sacrifice; or ce motif, je vais le dire en toute franchise : c'est le serment.

N'est-ce que cela? Nous pouvons aller voter. J'a

comme un autre, sans doute, la religion du serment, et pour rien au monde je ne voudrais lui manquer de respect.

Mais le serment, par son caractère éminemment individuel, constitue un contrat intime entre la personne qui lève la main et le Dieu qu'elle prend à témoin. Nul n'a le droit de lui en demander compte et de mettre le doigt entre Dieu et sa conscience.

Quand je vois sur cette question du serment l'élite de la démocratie, qu'on n'a jamais accusée de morale latitudinaire, proclamer unanimement la théorie de l'arme à volonté, quelle âme, parmi nous, voudrait afficher plus de pureté que les plus purs, et nous donner à caresser sa robe d'hermine?

Si quelqu'un croit qu'il peut rendre service, que celui-là prenne son front à deux mains et interroge sa conscience. Si, après l'interrogatoire, il la trouve en règle, il peut prêter serment et relever ensuite la tête; il aura le droit de la porter aussi fière que personne.

VII

La question du serment une fois écartée, quelle objection reste-t-il au parti de l'abstention? Aucune, que nous sachions, à moins qu'il ne s'abstienne pour s'abstenir.

Il ne veut pas voter, dit-il; mais il n'en a pas le pouvoir, mais le lendemain du vote il aura voté. Il suffira qu'un seul homme de la démocratie ait livré son nom au peuple, et que le peuple ait pris rendez-vous sur ce nom, pour qu'on juge la démocratie à la mesure du scrutin.

Quoi qu'on fasse, on ne fera pas que pour la France, que pour l'Europe, la démocratie tout entière, la démocratie contemplative aussi bien que la démocratie active, ne triomphe ou ne succombe avec la candidature de M. Picard. On a la responsabilité de l'élection, et on refuserait d'en avoir le bénéfice? On pourrait concourir à la victoire, et on aimera mieux contribuer à la défaite?

On ne veut pas voter? Mais on n'en a plus le droit. On a déjà voté en 1857, et la démocratie, engagée par un précédent, n'a plus logiquement le choix de l'abstention.

Il y a six ans qu'elle a marché en masse au scrutin et qu'elle a questionné le suffrage universel, sur la tête de qui? Sur la tête de Cavaignac, Goudchaux, Bethmont, Carnot, Bastide, Jean Reynaud, Jules Simon, etc., et le suffrage universel a fait à Paris la réponse que vous savez.

Et aujourd'hui la démocratie viendrait dire : Cavaignac est mort, Goudchaux est mort, Bethmont est mort; je ne suis plus que la veuve en deuil d'un parti décapité, je n'ai plus un talent ni un caractère à présenter à la foule; il ne me reste plus qu'à me voiler la face d'un crêpe et à pleurer sur la gloire évanouie du passé.

Mais après l'élection, on fera la comparaison du vote de 1857 et du vote de 1863 à Paris. Or, qu'arrivera-t-il si une portion de la démocratie lâche pied devant l'urne? Il arrivera qu'au lieu de deux succès qu'elle pouvait avoir, elle aura perdu jusqu'au bénéfice du premier triomphe.

La presse béate de l'optimisme gouvernemental écrira chaque matin : Vous voyez bien que le parti de la liberté recule au lieu d'avancer. Et quand cela? A l'heure précisément où chacun de nous, en touchant le pouls de l'opinion, sent qu'il bat plus fort que jamais.

On le voit donc, le passé, le présent, tout nous engage à voter. Aide-toi, le ciel t'aidera ! c'est le mot de nos aînés. Encore un jour, encore un tour d'aiguille sur le cadran, et l'urne sera là, béante, qui nous attendra. On ne crée pas à volonté l'occasion en politique; elle apparaît et disparaît d'elle-même : sachons la prendre au mot, car elle pourrait nous bouder une autre fois; marchons donc au vote d'un pas ferme et d'un cœur uni.

VIII

Mais pour qui voterons-nous? Je réponds sans hésitation : pour le candidat indépendant qui aura le plus de chances de succès et aura donné le plus de gages à la liberté.

A celui-là, quel qu'il soit, nous ne demandons pas : d'où venez-vous? mais bien : qui êtes-vous? Et s'il dit : Un fils de la révolution à la recherche de son héritage; qu'il soit le bienvenu, notre voix lui est acquise.

Est-ce à dire cependant que nous entendions rééditer, pour notre propre compte, la théorie commode de cette jeunesse déclassée qui n'appartient, dit-elle, à aucun parti et ne sert que la liberté?

Mais la liberté, que nous sachions, n'est pas chose gazeuse, flottante, à l'état latent, dans le vague de l'atmosphère; c'est chose réelle, au contraire, incorporée et vivante dans un parti.

Aimer la liberté sans la concevoir sous une forme déterminée, c'est appeler une amante aérienne dans un rayon de clair de lune et serrer tendrement un rêve sur sa poitrine. Nous ne saurions, quant à nous, nous résigner à une pareille débauche de platonisme.

Nous aimons la liberté sans doute, mais nous ne l'aimons qu'à la condition de brûler du même amour pour le parti qui paraît nous en donner la meilleure formule. Nous avons donc fait notre choix, nous l'avons fait à la vie et à la mort, dans la bonne comme dans la mauvaise fortune.

Mais parce que, dans toute la plénitude de notre conviction, notre parti nous semble mieux définir qu'un autre l'idéal d'un peuple libre, aurions-nous cependant raison de refuser à un autre parti le droit d'aimer à son tour la liberté?

La liberté a cela de beau, j'allais dire de sacré, qu'elle ne saurait être partielle, qu'elle ne peut être que générale, comme la vérité. Un parti qui repousse la liberté ne sait pas ce qu'il dit, ou il dit clairement : Je veux être oppresseur ou opprimé. Lequel des deux est le plus honteux?

Mais par cela seul qu'il descend à opprimer, il consent à être opprimé à son tour, si la force, toujours volage par tempérament, vient à changer d'opinion.

Je connais assez l'histoire des partis, hélas! pour savoir que, depuis l'origine du monde, tous ont commencé par vouloir proscrire leurs adversaires; mais je sais aussi que tous ont eu la main brisée à l'œuvre et tous ont porté cruellement, à tour de rôle, la peine du talion.

Aussi finissent-ils, un jour ou l'autre, de guerre lasse, par comprendre, à l'école sévère de l'expiation, qu'il n'y a pour eux tous de refuge et de repos que sous le large abri et dans l'hospitalité sympathique du droit commun.

C'est ce qu'on pourrait appeler le grand pardon d'autrefois et comme l'état de grâce d'une nation. L'Angleterre a passé par là, nous y touchons à notre tour; on nous a donné depuis douze ans le temps de la réflexion; or, en descendant en nous-mêmes, nous avons compris de plus en plus le mérite de la liberté.

Et qu'on ne vienne pas dire que la situation a renouvelé le langage, sans retourner le cœur, et que tel ou tel fait profession de libéralisme à l'heure qu'il est, uniquement pour remonter au pouvoir et briser ensuite l'échelle. J'ai meilleure opinion, je l'avoue, de la nature humaine, et je trouve une profonde humiliation à la suspecter sans cesse d'hypocrisie.

Je ne connais pas, d'ailleurs, de plus grands prédicateurs que les événements; ils ont une puissance irrésistible de conversion, et si, depuis douze ans, ils n'avaient converti personne à la liberté, il faudrait désespérer du mieux dans ce monde et fermer le livre du progrès.

IX

Mais c'est la coalition que vous prêchez, nous dit-on. Qui parle ainsi dans chaque parti, car il y a précisément coalition pour nous adresser ce reproche? C'est, dans certaine presse, celui-là même qui tour à tour républicain, orléaniste, post-républicain, et on ne sait trop quoi main tenant, représente à lui tout seul une coalition; quant à certaine autre presse, passons; celle-là ne compte pas; quelqu'un lui tend une pièce de monnaie et lui dit : « Injurie et va dîner, » elle fait son métier et dîne en conscience.

Entendons-nous, une fois pour toutes, sur ce mot de coalition, car il paraît singulièrement effaroucher la pudeur de ces âmes rosières qui n'ont eu jusqu'à présent, en politique, que quatre ou cinq amants. Il n'y a pas, il ne peut y avoir de coalition en fait de liberté, au sens injurieux du mot; mais si on tient absolument au mot lui-même, la coalition est non-seulement un droit, mais encore un devoir.

Eh quoi donc! si par hasard il y avait aujourd'hui, en France, une religion d'État qui refusât le droit de cité aux autres cultes, est-ce que le calvinisme, est-ce que le luthérianisme, est-ce que le judaïsme, est-ce que le mahométisme, devraient renoncer à réclamer la liberté de conscience, parce qu'ils ont tous le même intérêt à la réclamer, et qu'en la réclamant ils formeraient ce qu'on appelle une coalition?

Eh quoi encore! le juif ferait une œuvre honteuse de promiscuité, parce qu'il demanderait la liberté en commun avec le protestant? Mais la demande-t-il donc pour abjurer au profit du calvinisme, ou pour amener le calvinisme à une abjuration? A coup sûr non; il la demande au contraire pour empêcher la confusion, pour faire que chaque culte reste lui-même et prie Dieu à sa manière.

Du moment que nous sommes tous Français, sortis du même flanc, liés au même sol, rattachés à la même patrie, nous avons à chaque instant, sur telle ou telle question, communauté d'intérêt par notre communauté même de famille. Le démocrate devra-t-il cesser de parler la langue française, parce qu'un légitimiste la parle de son côté et qu'il craint de former avec lui la coalition de la grammaire?

Certes, si je ne sais quel ennemi reprenait le mot de Pitt : « Il faut qu'il n'y ait plus désormais qu'un blanc, sur la carte, à la place de la France, » et si pour mettre la menace à exécution il envahissait notre territoire, il n'y a pas un Français, quel que fût son parti, qui n'eût l'obligation d'honneur de courir à la frontière pour sauver la patrie; et quand il verserait son sang pour l'inviolabilité du sol sacré, qui donc aurait le droit de lui dire : Retire-toi; tu penses autrement que moi sur la question romaine?

Mais le territoire en définitive ne constitue que la patrie matérielle; et en dehors, au-dessous de cette patrie du calcaire et du sable, il y a encore la patrie morale, je veux dire la liberté. L'homme ne vit pas seulement du sol et par la plante des pieds, il vit aussi par la pensée, il vit du droit, ce pain du citoyen. Or, ce que chacun de nous devrait faire pour la patrie de l'œil, pourquoi ne le ferait-il pas pour la patrie de l'esprit? La liberté a-t-elle donc moins de prix pour un peuple qu'une carte de géographie? Mais une surface quelconque de terrain, sans la liberté, ne serait, comme la Russie, qu'une prison de huit cents lieues d'étendue.

X

La liberté! voilà notre devise; faisons la paix sur cette idée commune, comme sur la place publique; abdiquons-nous pour cela, de part et d'autre, nos convictions particulières? Loin de là, nous les reprendrons le lendemain dans la liberté, et nous laisserons à la liberté le soin de vider le débat; ce n'est pas dans ce cas la démocratie qui commet une imprudence.

A quoi bon remuer le passé et nous le jeter sans cesse à la tête : toi tu as fait cela, je te renie; toi tu as dit telle parole, je te maudis jusqu'à la troisième génération? Eh mon Dieu! qui donc a pris part au pouvoir ou à l'action, dans ces temps troublés, et n'a pas, en faisant un retour sur lui-même, à frapper sa poitrine?

Le temps miséricordieux a passé sa main tranquille sur tout cela; et de tout ce qui fut un autre moment et n'a plus raison d'être aujourd'hui, il ne reste qu'une page blanche où nous n'avons qu'une seule devise à écrire : Liberté et concorde dans la liberté!

Prenez garde à vos paroles; il y a quelqu'un en ce moment qui les écoute et qui pourrait en profiter; ce quelqu'un, ai-je besoin de le nommer? c'est l'esprit réactionnaire qui voudrait ramener la France, de l'autre côté de la révolution, au régime du bon plaisir.

Qu'on ne nous parle plus des fautes ou des divisions d'un autre temps; ces erreurs ou ces querelles domestiques, nous les avons jetées par-dessus les épaules. Et maintenant que le feu de Sodome les dévore loin de nous, voulons-nous donc nous pétrifier comme la fille de Loth à retourner sans cesse la tête en arrière? Faisons mieux; donnons-nous la main et marchons.

Le rendez-vous est au scrutin, mettons-y la liberté aux voix et rien que la liberté. Une seule idée à une seule œuvre; à quoi bon compliquer la question?

Il y a eu déjà, il y aura peut-être encore certains directeurs de conscience du pays qui viendront présenter aux candidats des formulaires à signer. Êtes-vous, diront-ils, pour le mariage civil contre le mariage religieux? Êtes-vous pour la suppression du pouvoir temporel de la papauté?

A coup sûr, nous signerions pour notre compte ce programme; nous datons, nous aussi, de la révolution.

Mais franchement, est-ce que le mariage civil, à l'heure qu'il est, pourrait courir quelque danger? Qui donc en France aurait sérieusement la pensée de retirer à la municipalité le registre de l'état civil pour le transporter dans la sacristie?

Quant au gouvernement temporel, quelle action peut-il exercer en ce moment sur notre destinée? Nous pouvons réprouver l'arbitraire du gouvernement romain au point de vue général du cosmopolitisme; mais nous n'avons pas à craindre que la gendarmerie pontificale vienne nous arrêter dans notre lit, pour nous conduire à la frontière.

Pourquoi un programme détaillé sur telle donnée de politique intérieure ou extérieure? Commençons, encore un coup, par reconquérir la liberté, et la liberté résoudra toutes les questions de détail, nous en avons la conviction, dans un esprit de libéralisme.

Le meilleur formulaire à notre avis pour un candidat, c'est lui-même, c'est son caractère. A-t-il donné la preuve, par l'eau et par le feu, d'une conviction incorrigible qui n'aura jamais peur de faire son devoir; voilà l'homme qu'il faut nommer.

Le caractère d'abord et ensuite le talent de parole; mais l'accord parfait, c'est le caractère et le talent. L'opposition libérale n'a pas la prétention de déplacer la majorité au Corps législatif; tout au plus a-t-elle l'espérance d'arracher quelques faveurs au scrutin; elle doit donc réserver les rares nominations dont elle dispose aux hommes qui savent parler.

La discussion de l'adresse est une liberté de la presse de quinze jours; pendant quinze jours les députés peuvent débattre à fond des questions que les journaux les plus intrépides n'oseraient pas même effleurer, car à tort ou à raison ils voient le fantôme de l'avertissement, une loupe dans une main et un crayon rouge dans l'autre, toujours penché sur leur feuille de papier.

Quel journal aurait pu traiter par exemple la question du Mexique comme M. Jules Favre, ou pénétrer comme M. Ernest Picard dans les mystères d'Éleusis de la presse officieuse? Il y a donc un intérêt de première nécessité à nommer au Corps législatif des orateurs assez rompus aux luttes de la discussion, pour tirer parti de ce jubilé de la parole.

XI

Que fera le pouvoir de son côté? Nous n'avons pas mission de stipuler dans son intérêt. Nous avons la main trop profane pour une semblable entreprise. Si nous avions le droit toutefois de lui poser une question, nous dirions, avec toute la franchise du citoyen :

Croit-il qu'il soit d'une bonne politique de ne tenir compte que de la majorité et de ne laisser aucune place à la minorité dans la représentation? Chaque fois que, dans un pays centralisé et pulvérisé comme la France, le gouvernement descendra dans l'arène électorale et appuiera sur le vote, de toute la pesanteur accumulée de la machine administrative et de son innombrable fonctionarisme, on peut assurer d'avance qu'il écrasera le scrutin.

Mais quand sa propre voix lui reviendra de tous les colléges électoraux de la France; que, trois cents fois répété par lui-même, il n'entendra que son écho sous les voûtes du palais Bourbon, croit-il qu'il se sera donné à lui-même et qu'il aura donné plus de force au Corps législatif?

Puisque le gouvernement affirme en toute circonstance

qu'il a pour lui l'immense majorité de l'opinion, que ne la laisse-t-il parler au lieu de la faire parler? Le suffrage, comme l'amour, a d'autant plus de mérite qu'il a plus de spontanéité.

Si la Constitution a placé une chambre à côté du pouvoir, c'est pour le contrôler probablement; mais elle ne peut exercer ce contrôle qu'à la condition de relever uniquement d'elle-même : autrement, elle ferait double emploi avec le pouvoir.

Du moment qu'un député pose sa candidature sous le patronage et avec le contre-seing de l'administration, il accepte un service du ministre, il contracte donc une obligation de reconnaissance. Quelle que soit, d'ailleurs, l'indépendance de son caractère, il abdique en partie son droit de remontrance, car son opposition ressemblera toujours à une ingratitude.

Nous ne faisons qu'imiter la révolution de Février, répond M. Baroche. On n'excuse pas une erreur par une autre erreur. Mais est-il bien vrai que l'infâme gouvernement « tombé sous le mépris public, » pour répéter la phrase du ministre, ait jamais cherché à violenter l'électeur?

Eh bien! je le demande de bonne foi, la main sur la conscience, le gouvernement provisoire a-t-il usurpé la souveraineté? a-t-il écarté la nation? a-t-il déplacé une existence? a-t-il intimidé une conviction? a-t-il supprimé une liberté? a-t-il touché à un seul cheveu? Que celui-là qui oserait le dire se lève et se nomme, et on lui répondra en face : Tu en as menti.

Loin de là, c'est précisément la révolution de Février qui a proclamé le suffrage universel; elle qui a renversé l'échafaud politique, de peur que le fantôme du terrorisme ne troublât l'imagination de quelque trembleur; elle encore qui a supprimé le serment pour affranchir la conscience de l'ostracisme intérieur du scrupule; elle toujours qui a donné d'un coup toutes les libertés au pays : liberté de la presse, liberté de réunion, liberté d'association, d'affichage, de colportage, etc. Qu'on nous rende seulement la moitié de ces libertés, et nous donnons quittance au pouvoir.

Au mois d'avril 1848, si j'ai bonne mémoire, M. Baroche avait sollicité le mandat de la Charente-Inférieure, sous le patronage et avec l'appui de M. Renou de Ballon, commissaire de M. Ledru-Rollin. Candidat volontaire dans le même département, j'ai pu opposer candidature à candidature en toute liberté, provoquer de ville en ville une réunion électorale, et y faire à l'occasion une profession de foi sous la présidence et en concurrence du commissaire même de la République.

On trouva mon opinion trop rose et j'ai succombé, je l'avoue humblement, devant M. Baroche; mais quoi qu'il en dise aujourd'hui, je n'ai vu de fraude nulle part, et, le lendemain de son élection, je l'ai tenu pour loyalement nommé.

XII

Pendant que M. Baroche parlait, M. Proudhon publiait une brochure. Encore un coup de pistolet par la fenêtre. Après le 2 décembre, M. Carnot et le général Cavaignac refusèrent d'entrer au Corps législatif; M. Proudhon réprimanda vertement leur conduite :

« Nous avons trop d'intérêts engagés dans le pouvoir, « en quelques mains qu'il tombe, disait-il, pour qu'il « nous soit permis un seul instant de nous annuler dans « une abstention soi-disant vertueuse et qui ne serait « que lâche. »

Comme la démocratie hésitait à prêter serment, M. Proudhon crut devoir soulager notre conscience :

« Que dirais-je du serment? écrivait-il alors; une « inconséquence de plus. Les partisans de la légitimité, « sur l'avis du comte de Chambord, refusent de le « prêter; ils ont raison et font en cela preuve de « loyauté. Dans les idées royalistes, le serment est un « acte de vasselage qui lie d'un lien unilatéral et per- « sonnel celui qui prête serment à celui qui le reçoit. « Mais j'avoue que je ne saurai admettre cette délica- « tesse chez un républicain, et les raisons de MM. Ca- « vaignac et Carnot ne m'ont pas convaincu. Le « serment pour un républicain n'est qu'une simple re- « connaissance de la souveraineté du peuple, en la « personne du chef de l'État, par conséquent un contrat « synallagmatique qui oblige également et réciproque- « ment les parties. Le royaliste jure sur l'Évangile, le « républicain sur la révolution, ce qui est fort différent. « C'est ainsi que prêtèrent serment à Louis-Philippe « Garnier-Pagès, Lamartine, Ledru-Rollin. Louis-Napo- « léon l'entendrait-il autrement? Ce qui est certain, « c'est qu'il n'oserait le dire. J'estime donc que les re- « présentants républicains, après avoir, sous le régime

« du 2 décembre, participé aux élections, devaient par-
« ticiper aussi aux travaux du Corps législatif, et condi-
« tionner leur serment par leur opposition. Il n'y avait
« là ni parjure, ni restriction mentale : c'était s'ac-
« corder avec soi-même et affirmer la république[1]. »

Le temps passe sur cette déclaration. Le vent souffle d'un autre côté, M. Proudhon fait la pirouette sur le talon et il improvise au courant de la plume une nouvelle théorie du serment.

« D'après le rapport des journaux, M. Odilon Barrot
« ou M. Thiers, je ne sais lequel, aurait dit, dans une
« réunion tenue chez M. de Broglie, que le serment au-
« rait pu devenir un cas de conscience embarrassant
« sous un monarque irresponsable tel que Charles X ou
« Louis-Philippe, mais qu'avec un empereur respon-
« sable tel que Napoléon III il n'y avait pas à s'en in-
« quiéter. Ainsi le parti orléaniste ou doctrinaire est
« d'accord avec les Mazziniens et les Jésuites sur la
« manière d'interpréter et d'éluder un serment. C'est
« bon à noter, et nous, démocrates ou républicains,
« quelle théorie est la nôtre? Je ne répéterai point ici
« ce que j'ai dit ailleurs du serment politique et qui
« met à néant toutes les restrictions mentales des vieux
« casuistes. Le serment est de sa nature inviolable, il
« est absolu, ne comporte ni distinction ni cas résolu-
« toire ; c'est un pacte de dévouement ou pour mieux
« dire une consécration volontaire d'une personne à
« une autre : toute réserve exprimée ou sous-entendue
« en changerait l'essence en contrat ordinaire. Le ser-

1. *Révolution sociale*, p. 156.

« ment, en un mot, doit être respecté quand même, « sinon l'on devient parjure. »

Ainsi donc il y a un premier Proudhon qui dit à la démocratie : prête serment; il y a ensuite un second Proudhon qui lui dit : ne le prête pas; attendons un troisième Proudhon qui mette les deux autres d'accord; nous aurons peut-être alors la formule proudhonienne au complet : thèse, antithèse et... synthèse dans un monde meilleur; car je ne sais comment M. Proudhon fait son compte, mais il laisse toujours au fond de l'encrier le troisième personnage de sa trinité.

XIII

Il y a toutefois, en dehors du docteur de la contradiction, des partisans consciencieux de la grève électorale. Je connais ces hommes pour les avoir vus de près à l'œuvre. La destinée peut encore les mettre au défi, ils n'iront jamais chercher dans l'ombre la main de la fortune.

Si j'avais en ce moment le droit de faire appel à ceux-là, fiers entre tous et fermes sur eux-mêmes, je leur dirais : vous refusez de mettre la main à l'élection, c'est bien; je comprends et j'honore vos scrupules; mais enfin combien êtes-vous? Ce n'est pas que je fasse d'une question de conscience une question d'arithmétique. Je reconnais qu'à l'occasion chacun de nous a le droit de battre en retraite sur lui-même et de répondre : *etiam si omnes, ego non*. Mais enfin dans une question de conduite, il faut savoir prendre le nombre en considération.

Encore un coup, la démocratie en masse désire voter; elle votera, quoi qu'on fasse pour dérouter son esprit; déjà l'air commence à frémir! Qu'attendez-vous encore? Ne sentez-vous pas comme le souffle du matin et le réveil de l'esprit public? ne voyez-vous pas, ne savez-vous pas que partout, de ville en ville et de canton en canton, le parti de 89, jusqu'à présent découragé et dissous, a repris espoir et renoué connaissance?

Et devant cet élan pacifique du suffrage universel, vous vous abandonnerez vous-même et vous abandonnerez le vote au caprice du hasard? Et que vous promet-on, pour vous tenter à cette politique de renoncement? Une neige fabuleuse de cent cinquante mille bulletins blancs dans l'urne au moment de l'élection; d'où tombera-t-elle et comment? Qu'importe? Il faut bien que la démocratie ait aussi son miracle de la Salette!

L'heure approche, une heure décisive dans la vie d'un peuple; elle tient note déjà de notre conduite, et l'avenir nous en demandera compte. De grâce, mes amis, connus ou inconnus, rentrez en vous-mêmes, recueillez-vous; ne prenez pas légèrement sur votre tête la responsabilité de retarder ou d'empêcher une victoire de la liberté; ne faites pas que la démocratie aille au vote sans vous, et dise en secouant la tête de tristesse : Je les ai cherchés de l'œil, et je ne les ai pas trouvés.

PARIS. — IMPRIMERIE DE J. CLAYE, RUE SAINT BENOIT, 7.

www.ingramcontent.com/pod-product-compliance
Lightning Source LLC
LaVergne TN
LVHW020253230826
846091LV00006B/2394
9782011767240